Werner Dürrson
Ausgewählte Gedichte

Werner Dürrson

# AUSGEWÄHLTE GEDICHTE

Mit zwölf Sekundenzeichnungen des Autors

demand.

Erstmals erschienen im ROSPO-Verlag, Hamburg 1995

ISBN 3-935093-08-X


Umschlaggestaltung: demand layout
unter Verwendung eines Bildes in Mischtechnik
auf Nesseltuch von Werner Dürrson
Herstellung: Books on Demand GmbH, Hamburg
Printed in Germany

Auswahl der Gedichte
Eleonore Kokmotou
im Einvernehmen mit dem Autor

Den im Gehölz verborgenen Silben
wächst der Bart

ausgesetzt hat mangels Hörern
der Stein mit Erzählen

farblose Vögel im Rotdorn
füttern die Stimmen der Niegeborenen

Weil ein Moos sich heranschweigt
steigt aus dem Schnaps dieser Nacht
der alte Gehilfe

- ein Messer
wer schnitt ihm ein Messer?
- die Wunde
wer hat seinen Tod verletzt?

## Vereinbarung

Stich nur beherzter ins Fleisch
dein Messer bleibt kühl
in den Bluten

grab nur tiefer den Schlaf
der duldsame Lehm wird dich
nicht verraten

hau das Wort in den Stein
ohnedies spricht ers
nicht aus

- welches Verstummen immer
es gibt dir durchs Werkzeug
die Hand.

SCHATTEN -
wanderschattenentlang dieser Sprung dieser quere
Sprung durch die schielende Hieroglyphe
? wie les ich dich wenn ich nicht weiß
welcher Tod dich erschuf

Nichts zu sagen haben uns die vermummten Väter
uns bindet kein Messer kein Mund
kein gemeinsamer Dritter

dem Stein voraus riß auch ich mir Gesicht ab
und Namen
zu sein der ich bin
kein Laub löst im Fallen das Rätsel

Seit wann aber sind
die sich nichts mehr zu sagen haben
seit wann sind die weghin entmündigten Masken
im Schweigen
gestört?

## Selbander

Keine Tür im Verlies des Abends

du
aber du
so spät so verjährt noch
herein durch den Spiegel

ja du
nicht ich

sprecht leiser, Schatten

du mit dem Scherbengesicht
ja du mit dem Haken
dem Finger
der löscht mir die Lampe

sprich leiser, Nacht -

## Blutwart

Wer stach mir dieses wunde Aug
ich sah dich lang voraus

wer reichte mir das blinde Glas
ich trank was Rotes aus der Scherbe

wer führte mir im Gras die Hand
schlug Nägel mir schlug Wurzeln

der stieg rauchauf durchs Windgesträuch
pfiff schrill auf seinem hohlen Zahn
der läßt mich bei dir liegen.

Ein unverbrannter Rest der Nacht ein
Riß
ein Schattenriß
verschlossnen Munds
geht seinen Gang
so über Blust und Schuttgeröll
den Dorn geritzt und wind-
entlang durch Mohn durch Ruten seinen
Gang
so zwischen Tag und Widertag
verlorner Schuh geschwärzter Schnee
zur Tür gespurt die Wand gestreift
noch eh an seinem Mund das Eisen
los wird das ich
rosten sehe

## Schattenstimme

Bodenlos aber nachtverwurzelt

unter ironischem Licht die
Flattergebärden der Schatten
die ihre Schatten
begraben

leicht
in welcher Gestalt auch nichts
als Erscheinung

vertauschbar wie Worte
Herzschlag
Atem

du
also ich
dünne Stimme aus
solcher
Gebrochenheit
sprich

# Jahrtausendschlaf

Zinnalter Himmel
Türme des Winds der
Zeiten Dohlengewimmer

die Hand an der Schläfe
mit gläsernen Augen zur Brücke hinüber
finstert der Ort

hier
über dem Ufer
hat er die Frühe geschmiedet hier
ritt er das Licht in den Mittag
ich
spricht der Dorfnarr im Schlaf
hielt ihm die Bügel

ich will
wach sein wenn zur Mondzeit wieder
aufsteht des Flusses
Glanz wenn steigt
für niemandes Ohr
herauf das Geläut Charlemagne
Charlemagne

## Nachtweit

Über die Ufer gebeugt
sein schattiges Bild in
Schwanengewässern

oder stehend, im Tag,
auf der Ebene, scharf um-
rissen vom Wind, oder
abends, raunend mit
Statuen, zerzaust, vielleicht
kennt ihn noch einer

wo er durchs blaue
Gras schritt, jambisch,
auf feuchter Wiese der Charente,
wie ein Vers geht
nirgends behaust, und
besprach einen Sommer

voller Himmel, aber bekümmert
ob des Gottes schwer zu
fassender Blindheit -
nachtweit warf er ihr
Licht zu, haltlos, über
dem Abgrund,
Gesang.

## Der Winkel von Hardt

Unversunken der Wald

verheißenermaßen jedoch
blüht drunten ein
Grund auf

drüber
die verbotene Brücke
aus Stein -

brüchig wie Worte wie
Hölderlinschritte auf
Ulrichs Spuren

OFT SINNT
ÜBER DEN FUSSTRITT (der
Geschichte vermutlich)

- wer noch

aber der Schutt wächst
mündig bachaufwärts

OB HEILIG OB NÜCHTERN   mein Engel
denke ich könnte aus Wasser sein

licht- luft- nachtverschwistert in
seiner Wiederkehr seiner Wandelbarkeit

entstiegen dem reineren Tau
nebelgestaltig über die Ebene   fern

und nah   warm und kalt mir über
den Rücken herzaufwärts

aus Eis Wolke Bach   von undurchdringbarer
Klarheit   schneefarben oder auf

Wegen des Regenbogens den Tod über-
brückend   manchmal stürmisch redend aber

gewogen   tragend   leicht flügelleicht

## Etüde

*Denn Alles gefällt jetzt,*
*Einfältiges aber am meisten.*
*Hölderlin*

Denn schön war viel zu wenig.
Alles harsch im Licht. Der Baum

gefällt, zersägte Schatten. Die Gewässer
jetzt beatmet, schäumen bunt. Sogar

Einfältiges, Gesicht zerfressen,
aber grinst. Die Halde schwelt. Wohin

am Abend. Nachtbedürftiger als die
meisten. Bleibt zu träumen. Fort.

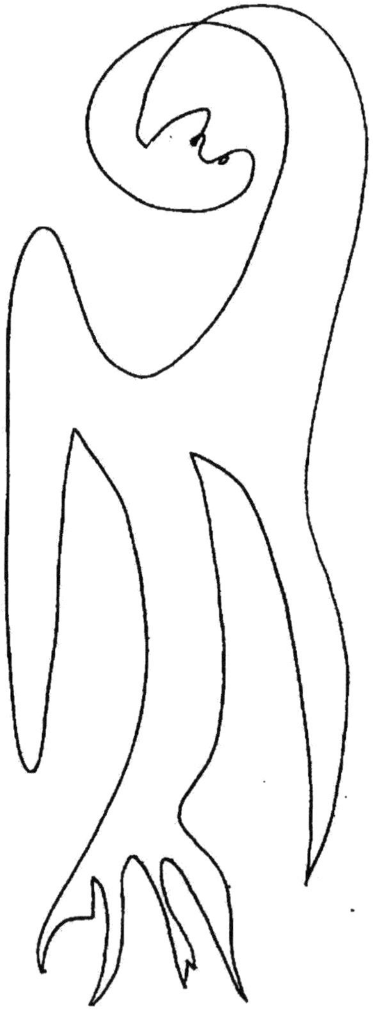

WINTER, große Etüde
über den Hang her, verschwiegen steht
die Kadenz in der Luft
fürs Ohr dieser Wälder

aber drunten das Ufer gläsern
hat ausgeträumt, weiß schlägt
unter der Krähe, die fortstürzt,
der Tag sein Zelt auf
bis an die Augen -

Schneeharfe
hat deinen schwarzen Schlaf
überspielt.

## Flocken

Flocken
wer singt

der Himmel schweigt einen Schnee
durchs Gehölz,
übers Dorf her kommt er,
geflockt

wer sang, Verschwiegenheit
raschfüßig steigt
von den Dächern, von Tür
zu Tür ihr Geflüster ihr
Einmaleins kühl, ach rechnend
gerecht
aus tausend
wird eins
und einmal
ist keinmal

Schlaf, Tausendschlaf

Flocken
mir auch mir
ein vergnügliches Grab,
keucht der Letzte
der Mörder
Wind

sein wölfischer Atem
bricht in die Fugen

Lichtbesetzt alles Gezweig,
der Weg zerronnen, Zeit kann
nicht mehr entrollen ihr gängiges Band

Leicht trägt der Acker
am Schlaf, Vertauschungen
halmfüßig halten die Stille
in Atem, wild ihr Geflimmer
bis an die gläsernen Kanten
des Abends -

Nacht, wenn sie kommt, wird sein
ein ortloser Vogel, herklagend
vergeblich
sein Nest

EINER KINDERSPUR NACH, dort über
den Hügel gebogen, leicht, kein Hauch
von Traum, keiner Stimme Rest steht
in der Verlorenheit

Schnee
Schnee macht dich schwarz
dich blind, schwarzer Schnee
der dich ausspart -

der Himmel krähenfarben
und aus der Finsternis
chthonisch herauf
der Brunnen steigt;
Schmerzkette
klirrend
gezogen über
das Rad, des Munds
Geschrei

schweig -

Schnee, nichts als schnee-
weißer Schnee, zerträumt,
zeichenlos eine Spur, durchs
Verschwiegene

weiter,
ihr nach, zwischen Ruten
kam ich, zum Fluß -

Der Krähen träumt, Krähen, nichts
als Krähen -

sehend werden soll er, ich rief ihm
die Schuppen vom Auge
Schuppen
Schuppen

(sprachlos steht der Tag
mit der Schaufel)

Wintermärchen, hell durchs Birken-
gesträuch im Windgeklirr kommt sie, durchs
weiße gestiegen mitten durchs
Märchen, Verlorene immernochschön,
du erzähl, erzähle du
weiter, so gehn wir, in Körper gehüllt,
umschlungen, der Tanz -

Himmel, er sieht uns, sagst du, er
sieht jetzt sein Weißes

Wirbel aber, ich
seh ihn, sein Riesenaug: leer
stülpt es sich über uns, und du
siehst nicht, Liebe, du
hörst nicht, du drehst mich
durchs Leere
spurlos,
weltüber -

es war einmal, singst du,
ein Leben, dunkel, es
war einmal, hör ich,
ein Tod, der Himmel
hat es gesehen.

DEIN TRAUM
solang am Fenster
des nüchternen Engels
Stimme gefriert

du behauchst sie
des Morgens
zu sehen draußen
das Unsichtbare

LEERZEILEN, rhythmisch
über die Äcker, Schrift
schlafender Augen,
analphabetischer Münder
Wort -

unhörbar, Wort unendlich, zwischen
vertauschten Räumen, Grenz-
wort, Fremd-Wort, daran du dich
blindliest, Tagauge,
Lippe, daran du
zerbrichst -

SCHNEE,
verschwiegenes Gedicht

vernommen
hab ich dich
nächtlich.

Glasmoor, über den Bulten
mit frostigen Schrauben montiert,
die Stille.

Dahinter, nicht greifbar,
starre Formen, gekrümmt, verästelt ins
Unsichtbare.

Nature morte.

Ihr kristallener Stil, die fragile
Gebärde, der Dauer

Schrei, es glänzt
Geklirr auf, aufstürzt des Eisvogels
Blitz, gebrochen, sie kommt,
durch die Werkstatt kommt sie
die weiße Artistin, Kälte
dein Finger dein Meißel, ich
greif deine
Hand

vernommen hab ich die wirre
Stimme hinter dir her,
Kälte, das Licht
hat mich belebt,
hört ich sie jammern,
ins Glück, Kälte,
schaff mich
zurück

## Du denkst mich -

durchs Dornicht
winde ich mich, hier mich
durch die Ruten, schmerzlos
komme ich wieder, im Rücken,
du siehst es, blau
das Vergebliche

schön

in deinen Gedanken
geh ich umher

## Farn, Stundenfarn

das ihn beschreibende Licht
nimmt sich zurück,
Windatem schweift
über Geripptes kühl, und wo
zwischen den Schatten
bist du geblieben -

Schweigen, haltlos
über den Weg her, ihm entgegen,
schon nicht mehr sichtbar
wächst meine Hand

## Liebe winterlich

Er sei ihr kurzerhand
nachgesprungen

ein Taucher habe die Beiden
engumschlungen
am Seegrund entdeckt

hörte ich sagen

die seien selbst schuld

wo das Eis doch
so dünn war

## Liebe

1

Dem Schnee verschrieben -

Liebe mit immer
weniger Silben

Winter

er sei wie er muß
hart und lang

komm ins Bett

2

Als wäre das so
und nicht anders

dein Haar vermischt
mit dem meinen

dein Gesicht
Mund und Mund

die gemeinsame
Temperatur

das Gefühl
daß zweimaleins
eins sei

feucht heiß wild
vierfüßiges
Glück

jäh
auseinandergerissene
Teile Fetzen

Fragmente wie
du und ich

3

Das Erwachen
an ihrem Husten
der ausblieb

da und dort
Zigaretten-
stummel

ein paar Haare
im Kamm

die Puderspur

der verarmte
Spiegel

die Schminke
am Handtuch

das V der
Zahnbürsten und

der Husten der
ausbleibt

## Käuflich

Schuhe
mit dünnen Sohlen
weich
gefüttert
zum Hierbleiben oder

solche
mit dicken Sohlen
derb
zum Davonlaufen aber

keine
zu dir hinüber

## Liebesbrief

*Aus dem Nah-östlichen Divan*

Auf der Fahrt zu dir höre ich
plötzlich im Steinbruch die
Schüsse krachen

verwirrt bremse ich schalte
verwechsle die Gänge

vermutlich weil jene dort
ihrer Sache so sicher sind

obwohl ich bestimmt weiß
daß ich dich liebe

## Was sonst

Es ist nicht die Liebe
die abnimmt in der Entfernung
wenn ich nach Worten suche und

mir kalt wird in der Telefonzelle
wenn dich die Kälte verletzt
die durch den Draht schleicht

weil ich die Worte nicht finde
Es ist das Schwererwerden der
Liebe in der Entfernung

wenn ihr die Worte fehlen
und mir dein Schweigen
den Atem verschlägt

während die Münzen fallen
und die Verlassenheit
zunimmt

NIEMAND hat mir den
Teller gestohlen niemand
wäscht ihn mir ab

Leben auf leiseren Sohlen
zwischen Musik und Dämmerung
Baum und Traum

bisweilen noch Wunder
Zufall sterntalerhaft oder

Liebe verläßlich
wie Katzen

auch Jammer

Erst im Wahnsinn
dämmerte ihm
das Menschenmögliche

fühlte er sich
besonders bei Anfällen
ungemein wohl und
gehoben

wollte er auf der Straße
alle Menschen umarmen
und küssen

die Mauern hochklettern
singen
freut euch ihr Himmel
die Welt ist verklärt

## Narziß

Dem blieb nur noch
trübes Gewässer

der fand nur noch
jeden gespiegelt

jetzt ist er
beschäftigt mit
Wegsehn

## Auf Wasser blickend

Regloser See

das Gezerr in den Netzen
dringt nicht zur Oberfläche

die der Fischer bewegt
wenn er frühmorgens die
reglosen Netze einholt

## Mediterran

Kähne leer
mit Stricken
ans Ufer gebunden

Särge
Stricken entlang
zur Tiefe

der gemeinsame Punkt
in der Bläue

## Dieser Frühling

zögernd
mit Meisengezirp und
Schneeglöckchenzittern

als wenn er
zum erstenmal käme

/

Was der Winter ins
Reine schrieb liegt
als Makulatur auf
den Äckern

/

Braune Blätter tanzen
verspätet im Wind

oder verfrüht

/

Die Straßen recken
und strecken sich

unterm Eis
wenn der wüßte
der Froschlaich

/

Schon warten die Wunder
grün und blau
hinter dampfenden Ebenen

/

Ob angewurzelt
beschnitten oder

abgehackt wie der
Haselstrauch dort -

plötzlich blüht es
und blüht

allem und jedem

/

Wer jetzt schlapp macht wer
jetzt nicht hervorkriecht
der wird bei lebendigem Leib
begraben

/

Spute dich, sieh:
sogar der Krückstock
kriegt Beine

/

Pulsatillen zwischen
Wacholder

Märzenbecher und
Gelbstern

wer fehlt fällt nicht
auf in der Schule
der Unbelehrbaren

/

Die Blinden hoffen mit
Ungeduld daß du
den Kopf verlierst:

schuldig wird
wer jetzt noch denkt

/

Überall Paare

kein Zweifel
die Einsamen hat er
verschlungen

/

Bäuche sind wieder
modern

krumme Rücken erst
später

/

Gärtnerinnen
pubertieren
alljährlich

/

Hohe Zeit der Kinder
und Hasen

den Lämmern die
Schlachtbank

/

Schön wenn der
Raps gilbt

solange die
Mücken ausbleiben
die

Wälder nicht
schreien

/

Schon wird das Licht
schamlos

die Vögel verstummen

schweißtreibende Tage
Nächte

mit den Träumen wohin
vor der Sense -

/

Immer mehr Uniformgrün

rare Blumen als Orden
oder getrocknet für
künftige Totenehrungen

als wenn er zum
letztenmal käme

## Naturgedicht

Nicht länger Boß
oder Boy

vom Förster sich
aufstellen lassen

stehend
die Wurzel im Schuh
mit andern brüderlich

Krone an Krone

im frischesten Wind
(wie anno dazumal)

seinen Vogel haben
Heimat ein wenig

atmen
als Tätigkeit

sein

Die Sümpfe sind trockengelegt
Münchhausens Zopf hängt
eine graue Perücke
über der Stadt o
alter Knabe im Moor du
unter den Rädern

## Dorf im März

Die Höfe im ranzigen Schnee stehen
quer und schief zueinander, verschwunden
im Morgennebel die Masken aus Gassen
kommen rote Bäche geflossen
windverbissen jault der Kettenhund aber
in ihren Gitterställen die Rinder
brüllen nicht mehr

alle Bäume sind weggelaufen
die Wirtshäuser leer seit die Straße
sich aus dem Staub gemacht hat und
der Bahnhof davonfuhr

Rauch beschuldigt den Himmel
widerlegt von Glocken der Kirchturm
wankt die Vögel stürzen betört durcheinander
unangefochten vom zeitdurchstreichenden
Lärm der Tiefflieger liegen im
Rücken des Dorfs hangüber
kopfunter die Toten

auch kräht hier der Hahn noch
steigt der Fluß übers Ufer
kehren die Störche zurück -

## Nepomuk

Der Zerfall stinkt
zum Himmel, und wie soll einer
den Kopf hochhalten bei
solchen Abtötungen

einst verschwiegener als
Stein der jetzt schreit
ohne Zunge

das Gesicht zerfressen
von dieser Welt
versehen mit einem
Zementklacks

Ausländer freilich,
Slowak

kein Wunder
besser ein Staunen
ein Aufwachen wenigstens
diesseits -

ihn in die Donau werfen

## Neufra
*Drei Ansichtskarten*

1

Steinharter Ort. Ein Schlagschatten
sucht seinen Wald. Den nannten sie
Hau. Seelenwald.

Abgehaun. Drüben die Höllsäge
speist sich von anderswoher. Das
Gekreisch bleibt sich gleich.

Ein beschnittener Garten blüht gern.

2

Die ausgeräumte die Augenweide.
Raps Mais Raps bis Matthäi am
letzten.  Der Himmel liegt flach.

Herbeigebetet. Taut der nicht bald
den Gerächten verliert das Nichts
jeglichen Reiz.

Zwar wächst Schweinernes nach.
Aus der Jauche. Umgewidmete
Leidberge Gottes.

Geviertteilter Garten des Herrn.

3

Die Fanfare der Löwenzahnwiese.
Bevor der Stall explodiert
läuft die Muttermilch über.

Ein hängender Garten sieht fern.

Schlagen die Wetter
kalben die Gräber
kehrt der Wald heim.

## Divertimento

Oder soll ich von
nässenden Steinen sprechen
vom Steinerweichen
wenn sie an ihren vier-

füßigen Tischen die
Münder vollnehmen den
Tod zu verschweigen
tagtäglich

sagen laut
das Gericht heißt
Mahlzeit -

## Kahler Ort

Ziegelrot kochte die Luft.
Soviel Anfang war nie.

Niemand kehrt in die tod-
stillen Wälder zurück.

Der bin ich. Das sind sie.
Mit verratenen Händen.

Abseits. Wem noch grün sein.

Von den Dächern hör ich
pfeifen die Krabben.

## Hochsaison

Die Wälder
noch vor den Flüssen durchschaubar
Maiendezember Dezembermai

Zeit des Holunderbluts Seidelbastzeit
wenn Flocken wirbeln Samen schwirren

klatschen Birnen ins Schneegras
ausgepeitscht Korn graues Licht hängt

über der Ebene in Erwartung des Meers
kreischend Zugvogelscharen

WINDBRUCH Fichtenmikado
nicht länger Wundstämme
tropfendes Harz

splittrig freigelegt Naßkerne
Schwämme kein klopfendes
Herz Angsttriebe ausgedient

hochkant zwischen Liegewipfeln
die Wurzelteller gastfrei Stille
erdige Mahlzeit

draußen Rundwanderwege

## Schneefall

Nichts geht mehr.
Unbeschriebenheit.

Wo kein Ort mehr ist
komme ich mir
auf die Spur.

Sie verfolgt mich.

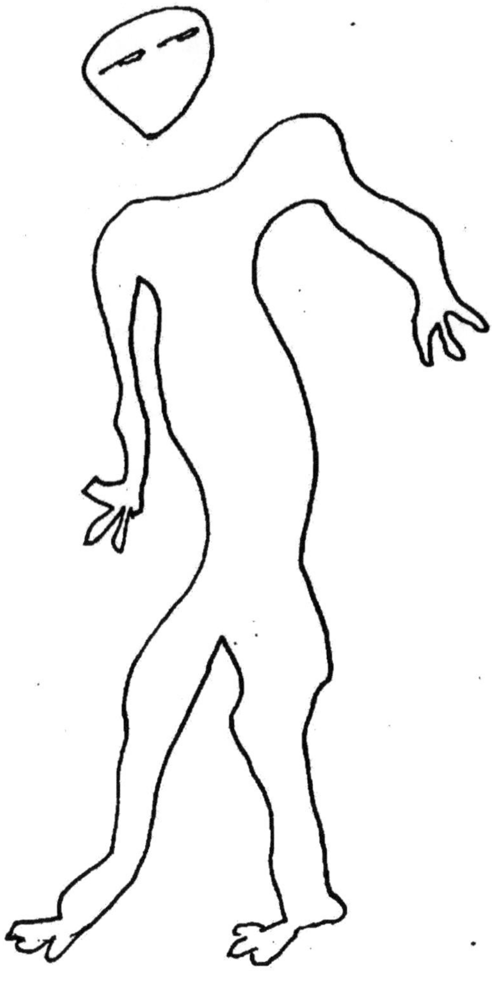

## Gefahrlosigkeit

solang der Schnee fällt
Leben stockt und
im restlichen Strauch die
Amsel nicht
zetert

wie flatterhaft aber

## Seegfrörne

Als wäre es dieses abwartende Leben
verschwiegen mit frostigen Schultern und
leerem Blick seewärts

Winter für Winter vergeblich die
bessere Kälte erhoffend

das große Eis fürs Gehen Arm in Arm

## Schwanengesang

Verbaut ist die Ankunft der Stürme / verschüttet
die Feuerstelle / der Zorn /

Schläfer zur Rechten / zur Linken / Eine Stille /
wie sonst nur Diktaturen sie kennen //

Bette sich wer kann / hier leuchten die Unter-
gänge vergoldet /

ein Landstrich geschaffen für solche / mit denen
noch Staat zu machen ist //

Kommt nur ihr ausgedienten Verdiener / ihr abge-
schlafften Denker Dichter Anarchen / Freut euch des

Abends / hier dämmert Deutschland am schönsten //

## In Baumnähe

### 1

Dann der Winter mit wenig Schnee
und viel Schweigen

die andere Kälte

der See geht in sich
das Wetter steht still
die Bäume geben sich schriftlich

in Zäunen verfängt sich
die Abwesenheit

2

Aber an mir
komme ich nicht vorbei

sich davonzulaufen kein
Ort kein Weg geschwind um die
Ecke zur Kneipe

ich kann mich fallen lassen
und hab mich noch immer

liegen- oder stehenbleiben
an Ort und Stelle

wenn die Baumsäge kreischt
der Schmerz in den Knochen

## Kleines Winterbild

Der Pfahl
am Hang

seit der Krähe
die aufflog

steht er
verlassener

## Lichter Moment

Gestern sah ich im See
zwischen Turm und Gemäuer
die Zukunft gespiegelt

hüpften die Blitze durch
tanzende Ebenen kochten die
Tiefen kehrte das Feuer
heim in seine Verflüssigung

alles Befestigte schwankte
stürzte zerschmolz

niemand rief oder schrie
ich stand kopf

## Zuletzt

blieben die Äpfel an
blattlosen Bäumen hängen oder sie
lagen vollzählig im Gras.

Fürs erste wird Schnee
die Äcker bestellen. Über vermischten Zeilen
vielleicht eine Rehspur oder Striche
von Krähenflügeln

## Beschwörung

Damals
als ich ein Vogel werden wollte
flug- und gesangshalber meine
verzweifelten Experimente in
Bäumen und auf dem
Dachboden
während am Himmel längst
Flugzeuge sangen
aufklärend
und die Schulkameraden
schwere Modelle bastelten
vorwiegend Bomber

die dann auch kamen

## Mann und Kind beim Angeln

Du mußt den Fisch
totschlagen

sieh mal
Kopf
schwupp gegen die
Steinkante

streicheln
weißt du
das dauert zu
lang

## Zur Frage der Versöhnung

Das Beil hat es gut
auch der Hackklotz

die bringt erst der
Zwiespalt zusammen

aber wie geb ich
dem Vater die Hand

die er mir abschlug

## Grafeneck

Bergaufwärts Linden Kastanien
lichte Allee
der Himmel feinsäuberlich blau
klare Sicht in hüglige Fernen

ich sehe du siehst
der Frühling ist mild

Kein flatterndes Band im Wind kein
Hauch nichts steigt aus den Wiesen
ich frage du fragst wer
karrte die Seelen hinauf
zehntausendfach lieferte Brot
unnützen Essern die
hungern nicht lang

ich spüre du spürst
der Frühling ist lau

Aufwärts durch Linden Kastanien die
Rauchfahne hoch wer drehte
den Hahn auf schürte das Feuer
warf sie hinein wer wusch sich
die Hände mit Seife die
schrie nicht schäumte nicht

Schlaf schöner Schlaf
zehntausendfach siehst du
der Frühling ist blind

Ich frage du fragst niemand weiß
schwarzes Flattern im Wind der
Himmel grauer als grau wer
schob die Schlacke beiseite
kehrte die Asche zusammen wer
grub die Grube säte das Gras

ich höre du hörst die Zeugen
schweigen
der Frühling ist schlau

Dicht geschlossen die Reihen
Linden Kastanien schöne Allee
der Himmel feinsäuberlich klar
kein flatterndes Band im Wind kein
Haar sattes Grün nichts
steigt aus den Wiesen

die Vögel zwitschern
der Frühling ist blau

## Berlin, Plötzensee

Die schlaflosen Toten
machen zu wenig aus sich

zuviel Stille über der Nacht
hackenzusammenschlagender
Tüchtigkeit zuviel

Lärm. Ich gehe wie du
über Leichen

## Danse macabre

Der fegt das Laub vor seinem
Haus im Wind das alte tote

Laub tanzt Ringelreihn vor
seinem Haus fegt der das

tote braune Laub tanzt mit
dem Wind vor seinem Haus

fegt der und fegt

bis sich der Wind zum
Besen legt noch lange nicht

zu End gefegt das tote Laub
vor seinem Haus nachts

Schlaf auf Schlaf gehäuft
steht er davor

## Bei abnehmendem Licht

Warschau les ich
aschgrau Waschfrau oder
so ähnlich

ob Lämmer ob Besen-
ginster, was weiß ich
aus solcher Entfernung

vermutlich der Abend
die Nacht, es gibt
noch Befreiungen

HINAUSGEZOGEN
pflügend die Angst zu vergessen
fanden sie diese rissige Schrift
in den Furchen

konnten nicht lesen
riefen die Vorhut des Himmels
standen bis abends

wer kam war der Regen
wer las wer ging
wer vergaß war
der Regen

verspätet kehrten sie heim
rieben die nassen Finger am Herd

wer vergaß war der Regen

## Alter Kreuzweg hin und zurück

Vorwärts gegangen erscheint die Geschichte
schier folgerichtig

auf dem Rückweg allerdings
kamen uns Zweifel

sahen wir wurde das Kreuz aufgerichtet

die blutigen Kleider vom Leib gerissen
sprach er mit weinenden Frauen
benutzte das Schweißtuch

brach er zum dritten zum zweiten zum
ersten Mal unter dem Kreuz zusammen

nachdem er bespieen wurde
verspottet verurteilt gefoltert

wusch sich Pilatus die Hände

## Wahrheitsfindung klassisch

Ihn einfach stehen lassen im kleinen
Kreidekreis auf dem Zementboden
taglang nächtelang
                                        nichts
als dies
aber unbeweglich zum
Umfallen aber
                                        nichts

Wasser ein Schluck
zu löschen das Schweigen
Schläge auf Brust auf Magen
die Wahrheit vielleicht
ein Erbrechen

                                        nichts
nur Blut
dann unter glimmenden Kippen
die Haut die schwarz wird endlich
unzweideutig

## Pappelallee

Nein nichts wissen sie nichts
diese Bäume. Halten nicht Schritt
mit den Antennen.

Diese tüchtige Stämmigkeit dieses
ständige Strammstehn bestenfalls
Leisetreten und Flüstern -

sie können nicht anders
sagt ihr -

Nein nichts wagen sie nichts als
Standhalten blindlings. Bis sie
umgelegt werden.

. . . . . . . . . . . . . . .

Im Fallen erschlägt wer fällt
nur selten den Fäller

## Am Bodensee

Zu schön
um wahr zu sein

Wasser und Himmel
gehen hier
Hand in Hand

die rostigen
Christusse wurden
vergoldet

ihre Schrauben
angezogen

damit sie nicht
nächtlich
herabsteigen und
sich ersäufen

## Abseits

Dann jener Herbst.
Hier fielen nur Blätter.
Anderswo Schüsse.

Bewußtloses Laub.
Ich griff in seine
Verfärbungen.

Wortlosigkeit.

Die Gräber sah ich.
Die offenen Fragen.
Zugeschüttet.

Zwischen den Fingern
rote Kassiber.
Glühende Kälte.

Der Sand an den Schuhen.

## Fisch sein

Fisch sein in diesen
Gewässern

sprachlos ortlos
kaltblütig Fisch
sein

blinkend nur
seinesgleichen

zwischen den Reusen
Ködern Fingern
Fisch sein

klein sein

keiner Masche
gewachsen

## Rekonstruktion

Bevor er in See stach schob er
das Bett zur Mitte des Zimmers
verschloß den Abfluß im Becken
drehte den Hahn auf

warf einen letzten Blick
in den Spiegel

dann ging er an Bord
entschieden
niemehr zurückzukehren

wie er die andern kannte
durfte er hoffen
die Zeit
in ein Meer zu verwandeln

## Gegensprache

Ich sehe voraus
die Grammatik der Schmerzen
bleibt ungeschrieben

Laien erscheint sie
entbehrlich

Theoretikern
irrelevant

Eingeweihten
erschließt sie sich überm
Verstummen

## Lejla

Von vorne beginnen, Glück gehabt.
Viele sind tot. Der Vater in

Sarajevo, falls er noch lebt.
Ihre jüngere Schwester putzt

in der nahen Kaserne. Die Mutter
will nichts als zurück. Lejla, die

Deutsch lernt, serviert in einem
Hotel. *Dobro je.* Nur das mit den

Augen, sagt sie. Die Einschläge,
Blitzfeuerwaffen, Granaten:

Ich kann kein Licht mehr sehen.
Auch das nicht von Lichterketten.

## Winter in Bosnien

Die zerfetzten Bäume, das
Trümmerholz von den Häusern
der Toten, Schrank Bett Stühle.

Verheizt, sagt der Mann, schiebt
mit klammen Fingern das letzte
Stück Fußboden in den

Küchenherd. Bleiben die Bücher,
sagt er. Falls keine Granate
dazwischenkommt.

## Beulen

Tagtäglich anrennen
gegen die Wand der
Verzweiflung

den Schmerz aushalten
tagtäglich

das bißchen Glück
wenn er nachläßt:

ich denke das zählt
sagt der Irre

# Losigkeit 1, 2 & 3

## 1

Als aber das Vögelchen Utopie
dran mein Flatterblick hing tot
vom blattlosen Baum der stürzte
fiel
da war auch mir
wie die sich freuten
alles eins.

## 2

Wort hatt ich lange keins
erbrach nichts grub nichts aus
noch ein
zu suchen nichts ging für mich
hin der Sinn mit jedem Tritt die
Losigkeit mir blühte

selbst meinen Schatten
ließ ich dort.

## 3

Und blüht so fort
allhier

gefreut wie die sich hatten.

SCHERBEN SCHERBEN
lesen wir unter der Hand hier
Scherben
klirr im Glanz hier trennt uns
nichts voneinander wir lesen
zusammen
Scherben
Scherben drinnen-und-draußen
gekrümmt gebeugt wir unter
der Hand die hier durchgriff
klirr in der Kälte lesen wir
Scherben
Scherben
im scharfen Wind hier trennt
uns nichts wir haben wir hören uns
stummsein klirr im mächtigen
Glanz hier lesen wir
Scherben
(zusammen zusammen)

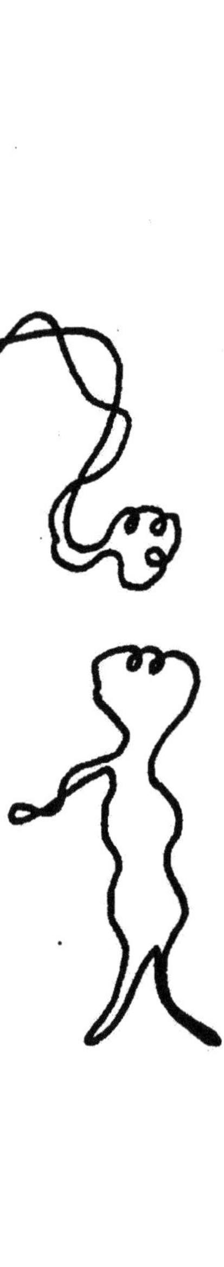

## Der Zuschauer

Mitten im fünften Akt
stand er auf und
verließ das Theater

einfach empörend
was die dem Zuschauer
zumuten, rief er

während Othello
seine Desdemona
maßlos mißhandelte

wirklich empörend
rief er noch als die
längst ausgespielt hatten

bevor er im Fernsehsessel
zur Nacht seine
Toten genoß

## Montaigne

Erde, die Pyramiden Ägyptens
die Felsen des Kaukasus

pausenlos dieses träge Geschaukel

auf festem Ziegelboden im Turm
schöne Aussicht im Rücken durch
Merksprüche abgestütztes Gebälk

ich enthalte mich    je m'abstiens
ich tauge nur für mich selbst

diese Anmaßung der Großbaumeister
den Himmel unter die Füße zu bringen
die in Kot und Dreck stecken

nichts als Gaukelpossen    Wind
in sein Sausen und Brausen vernarrt

ich prüfe mich    ich versuche mich

in der Sprache die uns täglich
aus den Händen rutscht

## Sprache

Erst Krücke
dann Stab dann
Messer

jetzt Mitte

die Achse die
in mir wühlt

## Ausdrucksschwierigkeiten

Nicht schreiben können nicht
sagen können
was ist

im Durchschnitt fünf Tage pro Woche
habe ich mit dem Arbeiter diese
Wortnot gemeinsam

allerdings ruht dann
die Produktion

## Das Gewicht der Luft
*Fragment*

Fiel stieg keuchte über die
schattenverklammerte Tiefe droben
wie das Gestein so wegsprang
kalt

manchmal Stimmen
im Rücken die Wolkenschwaden
zwischen haltlosen Wipfeln
Stille drunter und drüber

> (Ein wenig Ruhe
> hinter den Stößen ein
> Augevoll Nichtsein oder
> den Schmerz zertretend
> quer durchs Licht
> auf dem Kopf gehn)

schwer das Gewicht der Luft
und wie das Gestein so
wegsprang kalt
dann wieder Stille
schreiend drunter
und drüber

## Kleist in Würzburg

1

Der versammelte Zufall der
Häuser
zuviele Türen
verschlossen
Fenster
beschattet von Kirchen
Glocken tagaus
tagein
als ob sie sich
selbst zugrabe läuteten

2

Abends
die hochrote Sonne
starb ab
der Strom floß
unter den Füßen weg

3

Am Ausgang der Stadt
überkommt ihn die Wahrheit
torbogenförmig

wundert er sich
daß das ungestützte Gewölbe
nicht über ihm
einsinkt

weil alle Steine
auf *einmal* herabstürzen wollen
sieht er
hält einer den andern

4

Bücher
behauptet er
leisten das nicht

## Brentano 1810 an Görres

Der Phöbus Kleist, sanft
ernst, zweiunddreißig.

Er war Offizier und
Kammerassessor, kann aber
das Dichten nicht
lassen und ist dabei arm.

Sein letztes Trauerspiel
darf nicht gedruckt werden
weil es zu sehr
unsre Zeit betrifft.

Kohlhaas, die schöne
Erzählung.

Recht erfreut, ihn
lebendig zu wissen.
Müller hat ihn für
tot gehalten.

## Les Fleurs du mal

Sie haben soeben -
schrieb Victor Hugo
an Baudelaire, den die

Sechste Pariser Strafkammer
unter Beschlagnahme seines
Gedichtbands
verurteilt hatte

- Sie haben soeben eine
der seltnen Ehrungen
erfahren, die

dieses Regime
zu vergeben hat

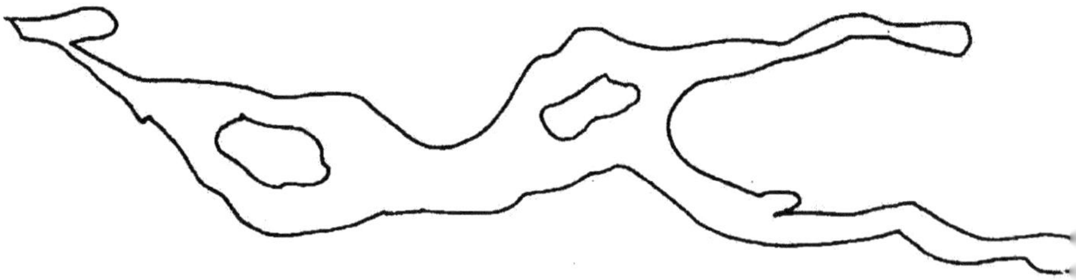

Der

ist nicht
in Sätze zu zwingen

der steht
nicht zum Wort

wir lassen ihm
Raum frei zwischen
den Zeilen

hoffen
er falle
durch sie hindurch

## El Greco

Seine der Nacht entrissenen
Gestalten

das Wetterleuchten in
ihren Gesichtern

ihr Aufblick gegen
den Donner der ausbleibt

Bevor er sie malte
zog er die Vorhänge zu

die Sonne sagte er
störe sein Licht

## Genügend viel Licht

Die Gesichter von
Georges de La Tour

im dunklen Raum um
eine Kerze versammelt

haben genügend viel
Licht für Nähe
Wärme

Erleuchtung

## Figur von Klee

Schieflastiges Mondgesicht
von Hieroglyphen bestiegen
pendelt sich aus mit einer
einzigen Träne

## Max Ernst in Huismes

Durch die Sonne gesprungen, hinter
dem Grätenwald schwärzlich
die Horde, Windhorde über
der Ebene, Laub in den Fängen,
rast, um den Ort, der Pfiff,
Geklirr, es ist
Abend

blau. Stille, entriegelt
steigt aus den Höfen, Gebell,
zwei Lichter, Nacht hängt
schief zwischen Drähten,
hier frag dich durch,
an der Tür lies:
Niemand

Niemand heißt er,
der da, dahinter, mit kühlem
Finger beschläft
einen Traum

## Beuys bei Lebzeiten

Zieht ihm den Hut doch
tiefer dann hört er
noch heller

kratzt ihm die Augen
doch aus dann wird er
noch sehender

näht ihm den Mund doch
zu dann spricht er
noch wahrer

bindet ihm doch die
Hände dann schafft er
noch freier

schlagt ihn doch
tot dann
lebt er

## Acht Gegenentwürfe

### 1

Als wären geschlossene Formen
(selbst wenn sie sich glichen)
gesellig. Dialoge sind Scheren.

Offen. Ob die belichtete Schneekuppe
mit dem verdunkelten Stein
je spricht. Bleibt zu hoffen.

Dem Auge die Bilder. Der andere
Schein. Ungleich und Gleich.
Träumt Schneegestein.

### 2

Spricht der Himmel bedrohlich
bis heiter -

Gewölk
weder bedrückt noch wohlig
ist immer eins weiter.

Auf die Erde geworfen hat
Stimmung Gewicht.

3

Quillt der Baum, wurzelt
das Quellgewölk

Formen: Erhebungen gegen
das Nichts

manchmal, augenblicksweise
entsprechen sie sich

im Raum des Bilds. Des
Gedichts.

4

Die Mulde äugt im feuchten
Sand. Stein der sie schlug
liegt anderswo.

Wer ließ ihn fallen. Hob
ihn weg. Tat ers allein.

So ruft der Brunnen seinen
Krug. Gehn Tat und Täter
Hand in Hand

daß Sand zu Stein wird.
Stein zu Sand.

5

Saatzeilen grün
maschinengeschrieben.
Der Wind streicht
sanft drüberhin. Der Wind

schreibt noch immer von
Hand. Schreibt nicht für
Brot.

Seine Handschrift im Sand.

6

Sonne, Mond, die
alte Mär: ihr Schein
macht den Planeten
munter. Dazwischen nimmt
er ab und zu. Und beide
gehen wechselnd auf
und unter

7

Geht die Erde am Stock
nimmt der Himmel Kontakt auf -

während die Horizonte verfliegen
Gewölk sich verdichtet
die Nacht alles eint

als sei was ist
wie Bilder die zeigen
was scheint

8

Dialoge sind Scheren. Aussparungen.
Die Bilder. Beschnitt. Wer hielte
die Fülle des Jahrs.

Von Gedeih und Verderb keine
Spur. Zärtlichkeit. Licht.
Ein trunkener Himmel blaut milder
über wollüstigem Schnee.

Schweigen, weißes Gedicht. Welt pur.
Ach wenn wir nicht wären ... Das wars.

## Wittgenstein

Schritt um Schritt entzog er sich
systematisch dem Boden

machte die Sprache zum Käfig
in den er sich sperrte

Die Frage in wessen Stube er hänge
hielt er für ausgeschlossen wie
alles was außerhalb war

Wer träumend sagt ich träume
irrt gleich dem der im Traum sagt
es regnet

So lasse sich letztlich auch
über den Käfig nicht sprechen

sprachs
strich leise den Stäben entlang
und pfiff Symphonien

Die tiefsten Probleme sind
eigentlich keine
ließ er noch wissen

Doktor sagen Sie
ich sei glücklich gewesen.

## Spiegelbild

Vielleicht weil nicht
die Stunde war oder
Müdigkeit stärker

geht er aufs Zimmer
schließt die Tür
macht Licht hört
den Boden knarren

blickt
bevor er es schließt
durchs Fenster

sieht
gegenüber das Haus mit
blinden Scheiben steht
leer

nichtmal ein Schatten
bewegt sich
denkt er

sieht
bevor er das Fenster schließt
drüben plötzlich
schattenhaft
eine Gestalt im Fenster
bevor sie es schließt

vielleicht daß nicht die
Stunde war oder
Müdigkeit stärker

## Spinoza

Ausgestoßen das ist
nicht sternlos

wenn auch
im kälteren Raum

Weitsicht Verneinung:
ohne Hintersinn Welt
alles eins

nichts draußen
(auch du nicht)

Höhe umgestülpt
Tiefe

drin der konkrete
Kristall zuckt

## Fahrend

Fahrend
in anderen Sprachen

zum endlosen Film
die Musik

wozu noch Untertitel
wenn Klartext

keine
Ausweichempfehlung

am Asphalt haftet
die Vogelschwinge

sie winkt dir

## In Wirklichkeit

Die scheinbar glatt aufliegenden scheinbar
fest mit dem Asphalt verbundenen Körper
werden aus dem Verkehr gezogen

andere stehen scheinbar angewurzelt
in dieser Scharte einer hohen Geschwindigkeit
die sich scheinbar verzögert in Wirklichkeit
unentwegt fortsetzt

## Kant

Erfahrung allein sei
Wahrheit
sagte
der nie ein Weltmeer  nie
einen größeren Strom sah
geschweige die Alpen

Kant

neben anderem Lehrer der
physischen Geographie

(ein Engländer hielt ihn
nach dem Kolleg über London
für den Erbauer der
Themsebrücke)

den Himmel allerdings den
er aussparte hat er
zeitlebens gesehen

## ERTS - 1

Das Satellitenauge sieht
alles

durchdringt das Gewölk
Dunstdecken Pestluft

braun rot blau
verzerrungsfrei Schrumpf-
strukturen erstarrtes
Geschiebe

dazwischen Rinnsale Seen
karierte Landschaft
deutbar dunkle und
hellere Flecken als
Städte Dörfer

Menschen
keine

## Arche TV

Nach und nach stiegen
alle ins Bild

die Erde
(so wurde berichtet)
war wüst und leer

kein Mensch mehr draußen
als sie den Stecker
lichteten

Finsternis wogte

## Leonardos Bild vom
## Ende der Zeit

Verflüssigte Nacht

im restlichen Licht die
Voluten Wirbel
Spiralen

abgesunken alles
was Winkel was Zahl war

formlos zurückgenommen
die Münder Ohren Augen
einer Welt

die nicht klarsah

## Wogen

Wogen Wogen

gewogen
zu leicht befunden
getragen

gewogen

Wogen Wogen

Inhalt

Der Auswahl liegen die im Elster Verlag Baden-Baden 1992 erschienenen „Werke“ (Band 1-3) zugrunde, mit Ausnahme der später entstandenen Gedichte „Bei abnehmendem Licht“, „Montaigne“, „Neufra“, „Lejla“ und „Winter in Bosnien“.

WERNER DÜRRSON, 1932 geboren in Schwenningen/Neckar. Kindheit im Krieg. 1949 Handwerkslehre in Stuttgart. Erste Gedichte. 1953 Studium der Musik in Trossingen. 1957 externes Abitur. Reisen durch Europa, in die USA und nach Afrika. Studium der Literaturwissenschaft in Tübingen und München. 1962 Promotion, Lehrtätigkeit an der Universität Poitiers/Frankreich bis 1968, anschließend bis 1978 in Zürich. Lebt als freier Schriftsteller in Oberschwaben und Paris.
VERÖFFENTLICHUNGEN u.a. : Dreizehn Gedichte, mit vier Graphiken von Klaus Staeck, 1965; Schattengeschlecht, Gedichte mit Holzschnitten von Erich Heckel, 1965; Flugballade mit Holzschnitten von HAP Grieshaber, 1966; Drei Dichtungen, 1970; mitgegangen mitgehangen, Gedichte 1970-75, 1976 (2. Auflage 1982); Schubart-Feier, Eine deutsche Moritat, 1980; Schubart, Christian Friedrich Daniel, Drama, 1980; Zeit-Gedichte, 1981; Stehend bewegt, Ein Poem, 1982; Der Luftkünstler, dreizehn Stolpergeschichten, 1983; Das Kattenhorner Schweigen, Gedichte, 1984; Feierabend, Gedichte, 1985; Wie ich lese? Aphoristischer Essay, 1986; Kosmose, Gedicht in zwölf Vorgängen, 1987; Ausleben, Gedichte aus zwölf Jahren, 1988; Abbreviaturen, 1989; Katzen-Suite, 1989; Werke in vier Bänden (Lyrik und Prosa), 1992. Ausgewählte Gedichte 1995; Stimmen aus der Gutenberg-Galaxis, Essays zur Literatur, 1997; Der verkaufte Schatten. Rumänische Elegien und Rumänisches Tagebuch, 1997; Wasserspiele, Gedichte 1999; Pariser Spitzen, Gedichte 2000.

ÜBERSETZUNGEN AUS DEM FRANZÖSISCHEN: Wilhelm von Aquitanien, Margarete von Navarra, de Sade, Arthur Rimbaud, Stéphane Mallarmé, Yvan Goll, René Char und Henri Michaux.

1951 Lyrikpreis der Südwestpresse; 1973 und 1983 Deutscher Kurzgeschichtenpreis; 1978 Literaturpreis der Stadt Stuttgart; 1979/80 Gast der Kunststiftung Baden-Württemberg; 1980 Schubart-Preis; Stipendium des Kulturministeriums von Nordrhein-Westfalen; Literaturpreis New York 1982 abgelehnt; 1984 Stipendium des Ministeriums für Wissenschaft und Kunst Baden-Württemberg; 1985 Literaturpreis der Stadt Überlingen; 1991/92 Jahresstipendium des Deutschen Literaturfonds; 1993 BVK; 1997 Ehrengabe der Deutschen Schillerstiftung Weimar; 2001 Eichendorff-Preis.
Mitglied des deutschen PEN-Zentrums und der Association internationale des critiques littéraires, Paris.

demand. Das literarische Programm

## Werner Dürrson

## Pariser Spitzen
Gedichte

In seinen neuen Gedichten, den *Pariser Spitzen*,
nimmt Werner Dürrson den Faden Baudelaires auf.
Mit unverminderter Sprachmeisterschaft setzt sich der
auch in Frankreich heimische Lyriker dem heutigen Paris aus,
das kaum noch ein Dorado der Künstler und Literaten,
der Gourmets und der Liebe ist;
dabei gewinnt Dürrson der bald abweisenden,
bald verschlingenden Stadt überaus poetische Szenen,
Miniaturen und Genrebilder ab,
in die das französische Idiom reizvoll hineinspielt.
„Eine blitzende Text-Folge"
nennt Martin Walser die *Pariser Spitzen*,
„jeder in den absoluten Augenblick zielend."

Die Figurinen des französischen Zeichners
und Autors Jean Demélier
akzentuieren ihrerseits das Pariser Flair.

ISBN 3-935093-00-4
Erstausgabe

Alle Bücher des demand verlags sind im Buchhandel erhältlich
oder im Internet bei allen wichtigen online-bookshops
Informationen zum Verlagsprogramm
finden Sie unter www.demand-verlag.de
sowie im www.literaturbuero.de